글・그림 맥 판 하크동크

네덜란드의 그래픽 디자이너이자 삽화가로, 헤이그에 있는 왕립예술학교에서 공부했습니다. 학교를 다닐 때부터 동물들, 특히 펭귄과 고래를 소재로 재미있으면서도 교육적인 만화들을 제작했습니다. 현재 작가는 로테르담에 있는 블라이도르프 동물원의 삽화가로 일하고 있으며, 어린이들을 위한 책을 여러 권 출판했습니다. 그의 책에서는 주요 인물로 동물이 자주 등장합니다.

옮김 한도인

영문학자이자 대학교수입니다. 성균관대학교에서 셰익스피어에 관한 연구로 박사 학위를 받았고, 현재 단국대학교 교양학부에서 영어를 가르치고 있습니다. 매년 영어와 영문학 전반, 특히 셰익스피어에 관한 연구 논문을 발표하는 한편, 틈틈이 연극 감상평을 쓰기도 하고 학술 번역은 물론 아동 청소년 소설 번역도 열심히 하고 있습니다. 어린 시절을 작은 시골에서 보낸 기억을 어젯밤 꿈처럼 마음속 한켠에 두고 있는 옮긴이는 글쓰기와 그림 그리기를 좋아해서 언젠가는 그 기억을 글과 그림으로 풀어내고 싶어합니다. 그동안 《초록빛 도시를 만든 에코 생쥐 삼형제》, 《레오나르도 다빈치의 마지막 노트》 등 아동 청소년 소설을 번역했습니다.

달 너머 우주로 떠나는 여행

초판 1쇄 펴낸날 2020년 9월 5일
초판 4쇄 펴낸날 2024년 2월 5일

지은이・그린이 맥 판 하크동크 | **옮긴이** 한도인 | **펴낸이** 양승윤
펴낸곳 (주)와이엘씨 | **출판등록** 1987년 12월 8일 제1987-000005호
주소 서울특별시 강남구 강남대로 354 혜천빌딩 15층
전화 02-555-3200 | **팩스** 02-552-0436 | **홈페이지** www.aladinbook.co.kr

값 13,000원
ISBN 978-89-8401-484-8 74400 | 978-89-8401-480-0 (세트)

Wow! Reis naar de maan. De vlucht, de landing, de eerste voetstappen
by Mack van Gageldonk / First published in Belgium and the Netherlands
by Clavis Uitgeverij, Hasselt - Alkmaar - New York, 2019
© 2019 Clavis Uitgeverij, Hasselt - Alkmaar - New York.

All rights reserved.
Korean translation Copyright © 2020 YLC Inc.
Arranged through Icarias Agency, Seoul

이 책의 한국어판 저작권은 Icarias Agency 를 통해 Clavis Uitgeverij 와 독점 계약한 (주)와이엘씨에 있습니다.
저작권법에 의하여 한국 내에서 보호를 받는 저작물이므로 무단전재와 복제를 금합니다.

알라딘 북스는 (주)와이엘씨의 어린이 책 출판 브랜드입니다.

① 품명 : 달 너머 우주로 떠나는 여행
② 제조자명 : 알라딘북스
③ 주소 : 서울시 강남구 강남대로 354
④ 연락처 : 02-555-3200
⑤ 제조년월 : 2024년 2월
⑥ 제조국 : 대한민국
⑦ 사용연령 : 6세 이상
⑧ 취급상 주의사항
  • 종이에 베이지 않도록 하세요.
  • 책의 모서리가 날카로우니 던지거나 떨어뜨려 다치지 않도록 주의하세요.
⑨ KC마크는 이 제품이 공통안전기준에 적합하였음을 의미합니다.

우주 비행, 착륙, 첫 발자국

달 너머 우주로 떠나는 여행

글·그림 **맥 판 하크동크** | 옮김 **한도인**

지구는 혼자가 아니에요

캄캄한 하늘을 올려다보면, 수없이 많은 반짝이는 점들이 보입니다. 모두가 다 별이지요. 그 별들은 거리를 잴 수 없을 만큼 멀리 있습니다. 여러분이 그중 어떤 점 하나를 아주 오랫동안 바라본다면, 그 주위로 점점 더 많은 별들을 발견할 수 있을 거예요. 그런데 지구와 아주 가까워서 훨씬 더 크게 보이는 천체가 하나 있어요. **바로 달입니다.**

사실 지구와 달은 한 세트입니다. 마치 꼬마 남동생이나 여동생처럼, 달은 항상 우리 주위에 있습니다. 어쩌면 달은 지구의 일부였다가 떨어져 나갔을 수도 있어요. 하나 아니면 여러 개의 거대한 운석이나 암석이 우주에서 날아와 충돌한 후에 생겨났을 수도 있습니다. 그럴 때 지구에서 많은 조각들이 떨어져 나왔을 거예요. 그 조각들 일부가 달이 되었고, 달은 그 이후로 계속 우리 가까이에 머물러 온 겁니다.

• 우주에 존재하는 모든 물체. 항성, 행성, 위성, 혜성, 성단, 성운, 성간 물질, 인공위성 등을 통틀어 이르는 말이에요.

아주 옛날부터 사람들은 달에 관심이 많았어요

여러분이 수천 년 전에 살았다고 상상해 보세요. 그때는 전깃불이 없어서 밤이면 칠흑같이 깜깜했겠지요. 그런 암흑 속이라면, 달은 지금 보이는 것보다 굉장히 더 커 보였을 겁니다. 망원경이 아직 발명되지 않았을 때라도, 달을 보는 데는 별 문제가 없었을 겁니다. 눈으로만 보아도 달 표면의 주름이나 무늬들, 그림자들이 충분히 보였을 테니까요. 사람들은 달을 보며, 저 부분이 산일까? 아니면 바다? 정말 달에는 신이 살고 있을까? 등등의 상상을 했습니다. 그러다 보니 오래 전부터 사람들은 달을 매우 신성하게 여겼습니다. 그래서 **달을 기리는 사원**을 세우고, **달을 위한 축제**도 열고, 달의 위치를 근거로 해서 **달력**을 만들었습니다. 오늘날에도 달력은 여전히 달의 움직임을 바탕으로 하고 있습니다. 달이 지구를 한 바퀴 도는데 걸리는 시간은 정확히……. 한 달이거든요!

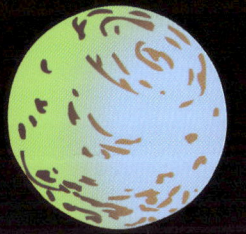
나는 다른 달이에요!

나도!

이오
(목성의 위성)

베스타
(소행성)

칼리스토
(목성의 위성)

타이탄
(토성의 위성)

달은 무엇일까요?

달은 어느 정도는 행성처럼 보이기도 합니다. 행성은 태양, 혹은 별 주위를 궤도•를 그리며 도는 천체를 말합니다. 그렇다면 달들은 어떨까요? 지구의 달과 같은 위성들은 행성 주위의 궤도를 돕니다. 위성은 언제나 자신이 돌고 있는 행성보다 작거나 가볍기 마련이지요. 그렇다고 해서 커다란 위성이 없지는 않습니다. 어떤 행성을 도는 위성은 지구보다 더 크기도 합니다.

우리의 태양계는 하나의 별, 즉 태양을 가지고 있습니다. 태양은 주위의 천체에 빛과 온기를 제공하는데, 크기도 아주 큰 데다가 끌어당기는 힘, 즉 인력도 매우 강력해서 태양계 내의 여덟 개의 행성 모두가 태양 주위의 궤도를 돌고 있습니다. 수성과 금성은 상대적으로 작은 행성들인데, 둘 다 지구보다는 태양과 더 가까이에 있습니다. 거대한 행성들도 있는데요, 바로 목성과 토성입니다.

목성은 가장 큰 행성입니다. 위성이 자그마치 79개나 되지요. 목성의 어떤 위성은 거의 지구만큼이나 크기도 하지만, 아주 작은 꼬마 위성도 있습니다. 아름답게 빛나는 테두리를 가지고 있는 토성도 크고 작은 위성을 가지고 있습니다.

위성들은 온갖 형태와 색깔을 띠고 있습니다. 지구의 위성인 달은 둥글고 연회색이지만, 어떤 위성은 파랗고 또 어떤 것은 흰 바탕에 점이 있는 점박이기도 합니다. 아마 감자처럼 생긴 것도 있을 거예요.

• 행성, 혜성, 인공위성 등이 중력(질량을 가진 모든 물체가 서로 잡아당기는 힘.)과 구심력의 영향을 받아 다른 천체의 둘레를 돌면서 그리는 곡선의 길.

우리는 토성의 위성들이에요

토성에는 60개가 넘는 위성이 있습니다. 그중 대다수는 크기가 아주 작아서 어떤 것들은 기껏해야 얼음 조각이나 돌멩이만하기도 한데, 이런 것들이 모여 아름답게 빛나는 테두리를 만듭니다. 그런데 어떤 위성은, 예를 들어, **타이탄**이라는 위성은 우리의 달보다 크고 수성보다도 큽니다. 또, **이아페투스**라는 위성은 한쪽 면은 어둡고 다른 면은 아주 밝습니다. 토성에서 가장 멀리 있는 위성들은 눈에 확 뜨이는 행동을 하는데, 특이하게도 이 친구들은 다른 위성들과는 반대 방향으로 돌고 있다고 합니다.

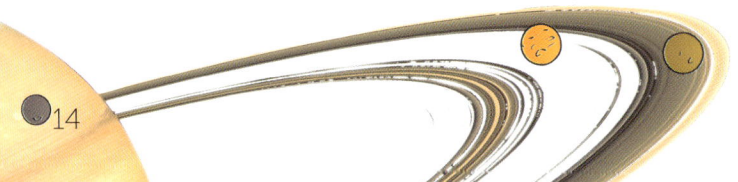

우리는 화성의 위성이에요

붉은색의 행성, 화성은 두 개의 눈에 띄는 위성을 가지고 있습니다. 둘 다 매우 작고 이름이 **포보스**와 **데이모스**인데, '두려움'과 '공포'라는 뜻입니다. 이 위성들의 형태는 이름보다 더 특이합니다. 우리의 달처럼 완벽한 구형이 아니라 혹이 솟은 것처럼 울퉁불퉁하다고 해요. 바로 감자처럼 생겼답니다.

목성은 79개의 위성이 있어요

목성은 우리 태양계에서 가장 큰 행성일 뿐만 아니라 가장 많은 위성을 가지고 있는 행성이기도 합니다. 지금까지 알려진 바로는 위성이 79개나 있지요. 가장 큰 위성은 **가니메데**라고 부르는데, 우리의 달보다 한 배 반이나 더 큽니다. **유로파**라는 위성에는 지각 밑에 물이 있고 공기 중에 산소가 있다고 해요. 그러니 어쩌면 거기에 생명체가 있을지도 몰라요!

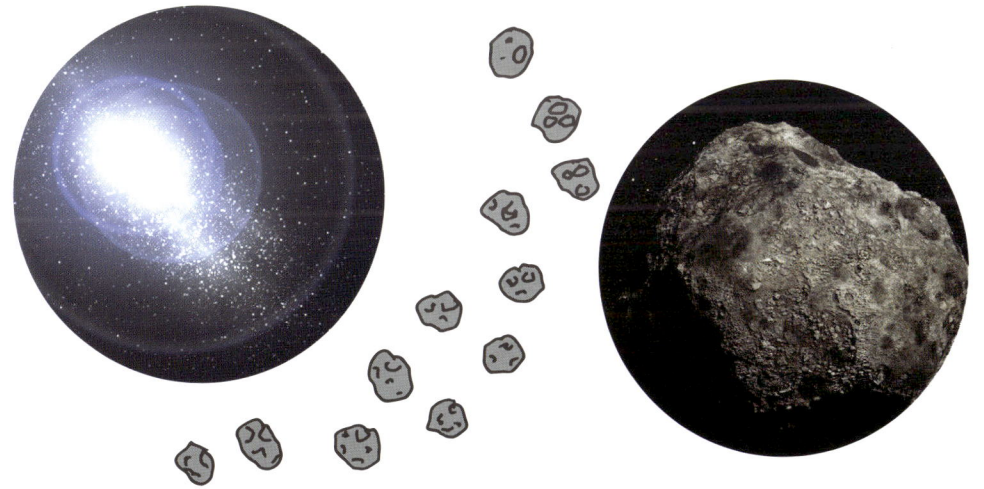

화성과 목성 사이에는 행성이나 위성은 하나도 없습니다. **소행성**들만 있지요. 소행성은 달보다 작습니다. 현재까지 알려진 가장 큰 소행성은 길이가 약 천 킬로미터 정도인데, 대부분의 소행성은 그보다 훨씬 더 작습니다. 화성과 목성 사이에는 소행성들이 75만 개 이상이나 떠다니고 있습니다. '소행성대'라고 부르는 것은 바로 그 때문이지요. 화성 너머까지 항해하는 우주선들은 당연히 그렇게 떠다니는 커다란 암석들에 대해 아주 많은 주의를 기울여야만 합니다.

달의 인력은 강해요

행성과 위성은 서로를 끌어당깁니다. 지구도 달을 끌어당기고 있기 때문에 달은 계속해서 지구 주위의 궤도를 돌게 됩니다. 이와 반대로 달도 지구를 끌어당기고 있습니다. 이러한 현상을 관찰할 수 있는 가장 좋은 방법은 바닷가에 서서 바다를 바라보는 것입니다. 처음 봤을 때는 바닷물이 아주 멀리 있었는데 몇 시간이 지나면 허리춤까지 차오릅니다. 이렇게 바닷물이 밀려나갔다가 들어오는 것, 바로 밀물과 썰물을 **조수**라고 하는데 달 때문에 일어납니다. 달의 인력, 그러니까 끌어당기는 힘이 엄청나게 강해서 바다 전체의 물을 끌어당기는 것이지요. 우주선이 달을 향해 날아가려면, 중력을 고려해야만 합니다. 우주선은 처음에는 지구 주위를 도는데, 달에 가까이 다가가면 갈수록, 달은 점점 더 세게 우주선을 끌어당깁니다. 그러다 마침내 우주선이 달 옆을 날게 되면, 달의 인력이 너무 커서 우주선은 자동적으로 달 주위를 빙빙 돌게 되지요. 달이 지구 주위의 궤도를 도는 이유도 이처럼 지구의 힘이 달에 크게 영향을 끼치기 때문입니다.

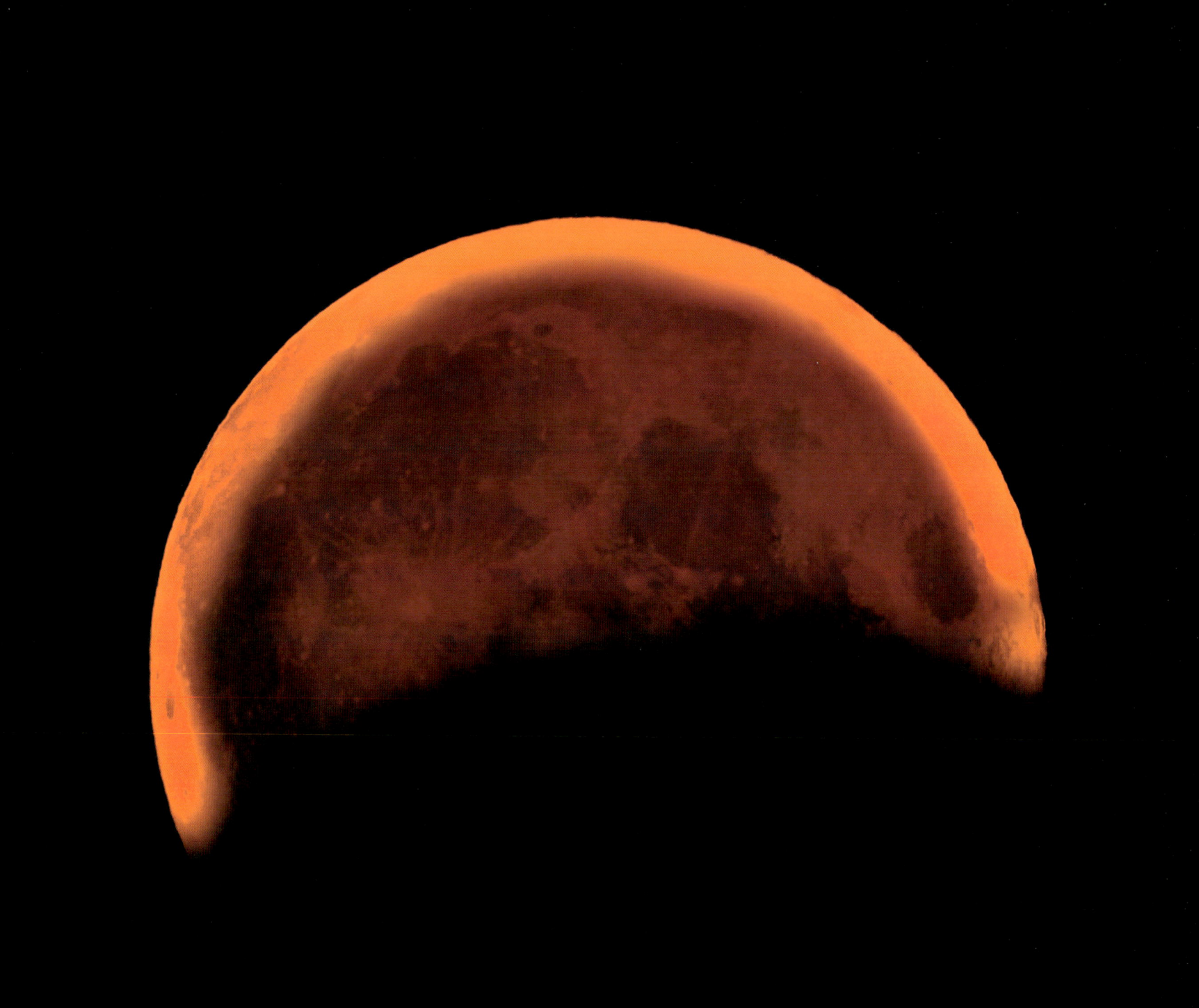

달은 모양이 변해요

달은 우리에게 항상 똑같은 모습으로 보이지는 않습니다. 밤에 하늘을 올려다본 적이 있다면 이미 알아차렸으리라 생각하는데, 달은 어떤 때는 완벽한 원의 모습이었다가 또 어떤 때는 가느다란 눈썹 모양으로 보이기도 합니다.

이런 모습 때문에 마치 달의 모양이 바뀌는 것처럼 보이지만, 사실은 그렇지 않습니다. 달은 늘 똑같이 둥근 달로 있는데, 태양이 달을 비추는 방향이 달라지는 것 때문에 모습이 다르게 보입니다. 지구가 태양 주위를 돌고 있고 달은 지구 주위를 돌고 있기 때문에 우리는 매 순간 다른 각도에서 빛이 비추어진 달을 보게 됩니다. 태양이 정면을 비추고 있을 때면 **보름달**이 보이지요. 태양이 달 뒤에 있을 때면, 달이 아예 없는 것처럼 보이기도 합니다. 그리고 그 중간의 모든 단계마다 달은 지구에서 볼 때 아주 큰 원이었다가 가느다란 바나나 모양이 되었다가를 반복합니다. 달은 어떤 때는 지구에 좀 더 가까이 접근하기도 하고 어떤 때는 좀 더 멀리 떨어지기도 합니다. 가까이 있을수록 달은 더 크게 보이기 마련인데, 가장 크게 보이는 달은 **슈퍼 문**이라고 부릅니다. 달이 지구와 태양 사이에 위치하는 순간이 되면, 한동안 태양을 가려 보이지 않게 되는데, 이 현상은 **일식**이라고 부릅니다.

달의 표면이 궁금해요

달은 크기도 아주 큰 데다 지구와 너무 가까이 있어서 우리는 망원경이 없어도 달 표면 일부를 볼 수 있습니다. 달을 자세히 바라보면 어둡거나 밝은 지점을 볼 수 있는데, 그 어두운 지점을 달의 **바다**라고 부릅니다. 과학자들이 한때 달에 커다란 물웅덩이가 있다고 믿었기 때문이지요. 그 검은 지점은, 사실은 거대한 운석과 충돌한 결과 만들어진 것으로 밝혀졌습니다. 아주 오래전에 운석이 달의 표면에서 폭발하면서 달의 딱딱한 겉면을 벗겨 내었고 암석들이 녹아 흘러나오게 되었지요. 회색 지점은 그것이 굳은 암석입니다. 커다란 운석은 **분화구**를 만들기도 했는데, 이것들 역시 눈으로 관측할 수 있습니다. 뿐만 아니라, 달의 표면은 주로 **달 먼지**라고 부르는 돌가루로 이루어져 있습니다. 인간이 달에 최초로 착륙하고자 했을 때에 가장 큰 문제점은 그 먼지 층이 얼마나 두꺼운지였습니다. 혹시 달 착륙선이 그것에 완전히 파묻히지 않을까 하는 걱정 때문이었습니다. 다행스럽게도 먼지 층은 아무런 문제가 되지 않음이 밝혀졌습니다.

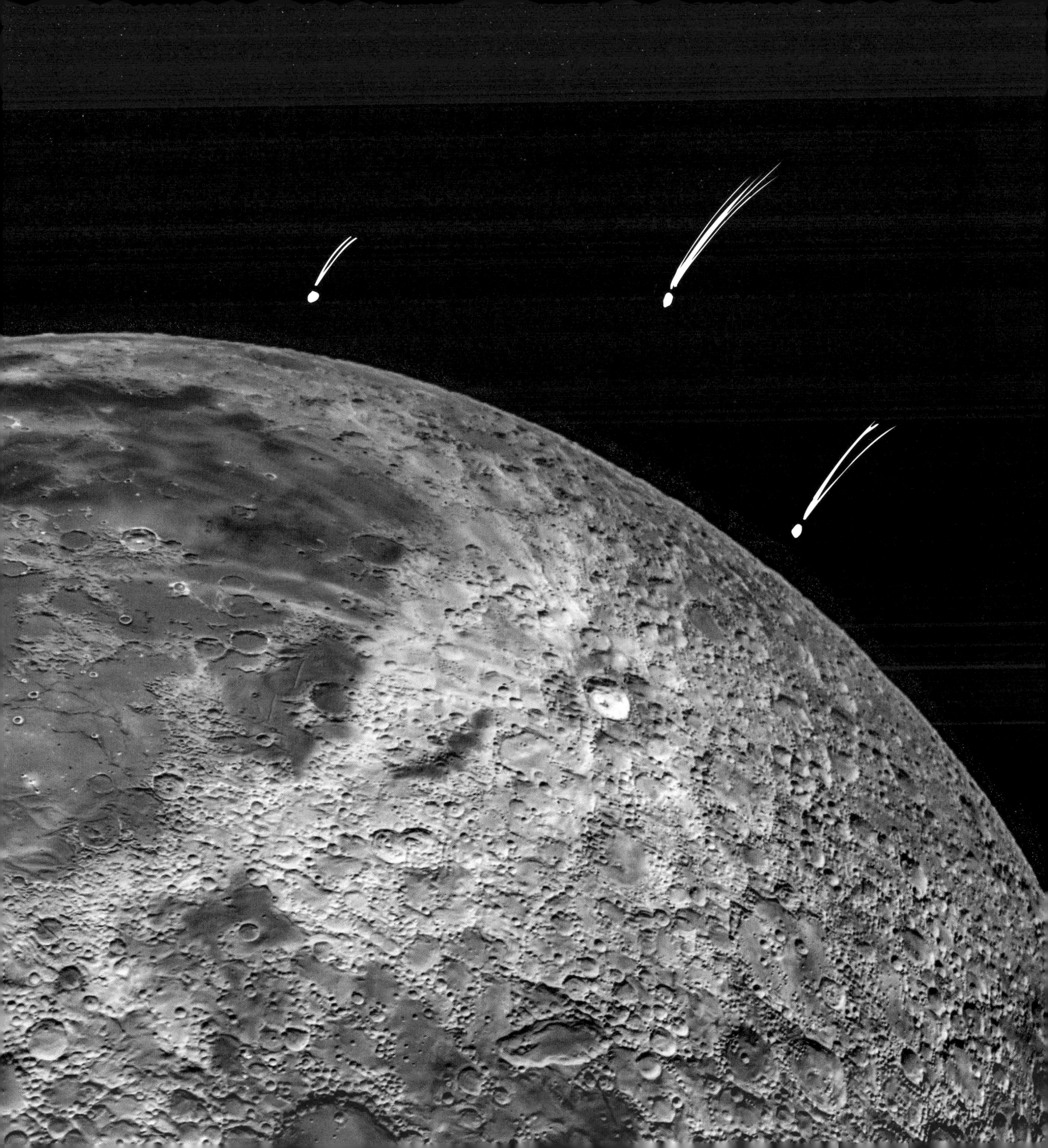

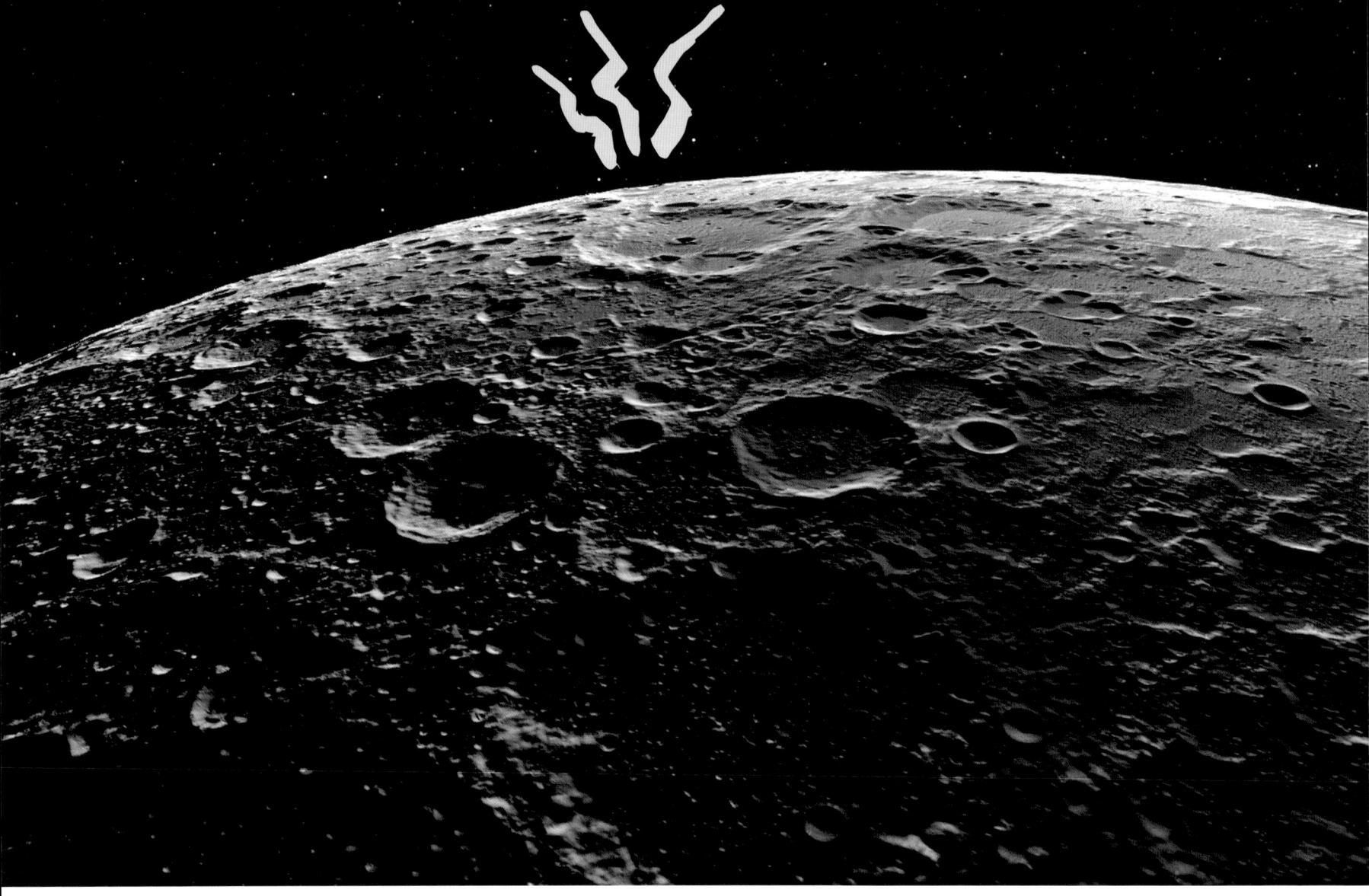

달에는 월진이 있어요

지구에서처럼 달의 땅도 갑자기 흔들릴 수 있습니다. 물론 그것을 지진이라고 부르진 않고, 월진이라고 부릅니다. 달의 미세한 떨림은 지진보다 덜 파괴적입니다만, 더 오래 지속됩니다. 어떤 때는 한 시간까지도 계속되지요! 지구에서는 물이 진동을 가로막아 주기 때문에 지진이 훨씬 짧은 시간에 끝납니다. 달에는 물이 없기 때문에, 진동이 더 오래 지속됩니다.

달에도 높은 산이 있어요

달의 표면은 주름이 잡혀 있습니다. 지구처럼 달에도 **산**이 있는 것이지요. 가장 높은 산은 높이가 10킬로미터나 됩니다. 지구에서 가장 높은 산인 에베레스트 산보다 2킬로미터 가까이나 더 높지요. 대부분의 산들은 달 표면의 불룩 솟아나온 부분들이 이어져 만들어졌는데, 어떤 산들은 거대한 운석과 충돌의 결과로 생겨났습니다.

먼지와 돌도 있어요

달 표면은 주로 **달 먼지**로 이루어져 있습니다. 지각에 해당하는 달의 표면 대부분에 달 먼지라고 부르는 미세한 가루가 덮여 있지요. 달에는 **돌**도 많이 있습니다. 그중에는 정말로 커다란 돌도 있습니다. 달에 착륙했던 우주 비행사들은 작은 돌 수십 킬로그램을 지구로 돌아올 때 실어 왔습니다. 과학자들은 이 돌들을 연구해서 지구와 달의 차이점과 같은 점이 무엇인지 밝혀냈습니다.

망원경으로 보면 달에 **둥근 언덕**들이 많이 있는 것을 발견할 수 있습니다. 그 뿐만 아니라 강처럼 생긴 구불구불한 선들도 볼 수 있는데, 지구의 강을 멀리서 봤을 때와 꼭 같은 모습이라고 합니다. 이것은 사실 강이 아니라 달 표면이 터지고 커다랗게 갈라진 틈입니다. **릴**•이라고 불리지요.

• 달 표면의 좁고 긴 골짜기.

달의 하늘은 항상 캄캄해요

사진을 보면 달에서는 하늘이 항상 캄캄하다는 사실을 눈치 채셨나요? '아마 사진 찍을 때가 밤이었나 보다.'라고 생각할 수도 있겠지만 반드시 그렇지는 않습니다. 달의 하늘은 태양이 빛나고 있어도 항상 어둡습니다. 그 이유는 바로 달에 **대기**가 없기 때문입니다. 대기는 지구를 감싸고 있는 공기층인데, 대기 안에는 우리가 호흡하는 산소가 포함되어 있고 하얀색이나 회색빛 구름도 떠다니고 있습니다. 이 대기가 하늘을 파란색으로 바꾸는데, 달에는 대기가 없으므로 캄캄한 우주가 그대로 보이는 것이지요.

낮은 뜨겁고 길어요

달에서의 낮은 **2주일** 이상 계속됩니다. 그러니 달에서 사는 것을 상상해 본다면, 언제 잠자리에 들어야 할까요? 2주일 내내 깨어 있을 수 있는 사람은 없습니다. 게다가 달에서의 낮은 엄청나게 덥습니다. **섭씨 100도**까지 올라가지요. 나무가 없으니 햇빛을 피할 나무 그늘도 당연히 없습니다. 우주 비행사들이 그렇게 두꺼운 옷을 입는 데에는 비로 이런 이유가 있는 거지요. 우주복이 달의 고온으로부터 우주 비행사들을 보호합니다.

밤은 추워요

달의 낮이 덥다고 한다면, 밤은 또 아주 춥습니다. 해가 지고 나면, 기온이 급속도로 내려가서 거의 **섭씨 영하 160도** 정도가 됩니다. 지구에서 관측된 최저 온도는 섭씨 영하 93도입니다. 남극에서 관측된 온도인데, 그 정도면 그곳에 사는 펭귄도 얼음장 같은 바람에 몸서리를 칩니다. 그러니 달이 얼마나 추울지 상상이 되지요!

만약 달에 일기예보가 있다면 매일매일 똑같이 이렇게 말할 겁니다. "오늘은 해가 쨍쨍 내리쬡니다. **비도 오지 않고 바람도 한 점 없습니다.**" 좀 이상하게 들리겠지만, 사실 아주 정확한 예보입니다. 달에는 대기가 없어서 공기층도 구름도 없기 때문에 바람이나 비가 있을 수가 없습니다. 그 뿐만 아니라, 햇빛이 공기나 구름으로 걸러지는 일이 발생할 수도 없지요. 그러므로 날씨 역시 항상 똑같을 수밖에 없습니다. 맑음, 맑음, 또 맑음이지요.

나도! 나도!

우주 비행사는 우주를 발견해요

우주 비행사는 진정한 우주 모험가입니다. 우주 비행사들은 우주선을 타고 우주를 날아가 다른 행성이나 위성, 혹은 혜성들을 여행합니다. 물론 아주 특별한 옷, **우주복**을 입고 여행을 하지요. 이 우주복으로 우주 비행사들은 더운 곳에서도 시원하게 있을 수 있고 공기와 산소를 공급받으면서 동시에 우주에서 날아드는 작은 돌멩이들을 막아 낼 수 있습니다.

우주 비행사는 우주선을 조종해야 하고 또 뭔가 문제가 생기게 되면 누구든 작은 수리를 할 수 있어야 합니다. 달이나 혹은 어떤 새로운 행성에 착륙하고 나면, 우주 비행사들은 그곳의 환경을 조사합니다. 표면에서 표본을 채취해서 달이나 행성이 지구와 비슷한 점이 있는지 조사하고 때로는 무엇이 다른지를 밝혀내는 몇 가지 실험을 하기도 합니다. 어쩌면 그곳에 생명체가 있을지도 모르잖아요!

대부분의 우주 비행사들은 전투기 조종사부터 시작합니다. 처음엔 과학자였다가 나중에 우주 비행사 훈련을 받는 경우도 있는데, 그럴 경우 매우 어려운 과정을 거쳐야해요. 왜냐하면 우주 비행사는 몸이 아주 튼튼해야 하고 극한 상황을 견뎌 낼 수 있는 힘이 있어야 하기 때문입니다.

나는 우주로 여행한 최초의 동물이에요 - 라이카

최초의 우주여행은 인간이 하지 않았습니다. 동물이 했지요. **라이카**라는 작은 개였습니다. 1957년, 러시아 사람들은 스푸트니크 2호의 역사적인 비행을 앞두고 우주선에 태워 보낼 적당한 강아지를 찾고 있었는데, 수도인 모스크바 한가운데에서 길거리를 돌아다니고 있던 떠돌이 개 한 마리를 우연히 발견하게 되었습니다. 그게 바로 라이카였지요. 라이카 이후로 고양이나 원숭이 등 몇몇 다른 동물들도 우주여행을 했습니다. 이 동물들이 시험에 성공적으로 통과하고 난 후, 사람도 우주로 모험을 떠나게 되었지요.

나는 우주로 여행한 최초의 인간이에요 - 가가린

우주를 여행한 최초의 인간은 러시아 사람인 **유리 가가린**입니다. 1961년 가가린은 보스토크 1호를 타고 대기권 밖으로 여행하며 인류 최초로 우주에서 지구를 바라보았다고 해요. 이 업적으로 가가린은 세계적으로 유명해졌습니다. 조국인 러시아에서 최고의 훈장을 받았고 해외에서도 어딜 가나 영웅으로 대접받았지요.

나는 우주로 여행한 최초의 여성이에요

우주를 여행한 최초의 여성은 **발렌티나 블라디미로브나 테레시코바**였습니다. 유리 가가린과 마찬가지로 테레시코바도 러시아 사람입니다. 우주 비행 훈련에 참여한 4백 명의 여성 중에서 뽑혔다고 합니다. 그렇게 뽑힌 테레시코바는 1963년 보스토크 6호에 승선하는 유일한 여성이라는 영광을 얻었습니다.

우주여행의 초반기에는 러시아가 주도권을 쥐었습니다. 하나씩 하나씩 새로운 기록을 세웠지요. 첫 번째로 개를 우주로 보냈고, 인류 최초와 여성 최초의 우주여행 기록도 이루었을 뿐만 아니라, 우주에 최초로 인공위성을 쏘아 올렸습니다. 바로 **스푸트니크 1호**였지요. 우주에서 기록한 이 모든 성공에 대한 축하로 우주에 다녀온 우주인들은 공식 방문 행사를 다녔고, 거대한 기념비가 세워졌으며 기념우표 등도 만들어졌지요.

우주 비행사들은 독특한 의식을 치러요

우주 비행사 대부분은 그냥 우주선에 올라탔다가 내리지 않습니다. 갖가지 종류의 독특한 습관이나 나름의 통과의례● 같은 것을 가지고 있지요.

러시아는 아주 재미있는 의식을 치릅니다. 우주 항해사(러시아에서는 우주 비행사를 이렇게 불렀어요.)들은 우주선에 탑승하기 전에, 먼저 자신들을 발사 지역으로 데려갈 버스의 왼쪽 뒷바퀴에 소변을 봅니다. 최초의 우주인인 유리 가가린도 이 의식을 치렀고 그 이래로 이 통과의례를 건너뛴 우주 항해사는 단 한 사람도 없습니다. 또한 보드카로 건배를 하고, 사망한 우주 항해사를 위한 기념비에 붉은 카네이션을 올리고, 작은 나무를 심습니다. 우주 항해사들은 항상 작은 장난감을 가지고 갑니다. 공이나 인형이나……. 어떤 종류든지 다 가져갈 수 있는데 단, 뭐가 됐든지 이름은 항상 **보리스**입니다. 일종의 부적인 셈이지요. 행운을 위해서도 가져가지만, 다른 이유도 있습니다. 보리스가 선실 안에 둥둥 떠 있는 것을 보면서 우주 항해사들은 우주선이 지구 주위를 도는 궤도 안에 있음을 알게 됩니다.

미국의 우주 비행사들도 자신들만의 의식이 있습니다. 케이크를 놓고 사진을 찍고, 스크램블 에그와 스테이크를 먹고, 이전의 우주 비행에서 수행한 임무를 기념하는 스티커가 잔뜩 붙어 있는 문 앞에서 잠깐 시간을 내어 자신이 참여했던 임무의 스티커를 만진 다음 마지막으로……. 카드 게임을 합니다. 그런데 우주선 선장이 질 때까지 계속한다고 해요.

● 사회 출생, 성년, 결혼, 사망 등과 같이 사람의 일생 동안 새로운 상태로 넘어갈 때 겪어야 할 의식을 통틀어 이르는 말.

  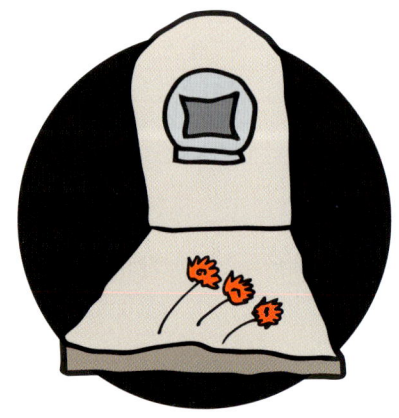

우주여행도 과학이에요

큰 의미로 보면, 우주여행은 과학입니다. 과학자들은 우주선을 실어 갈 로켓을 어떻게 대기 중으로 발사할 것인지, 행성의 힘들이 어떻게 작용할 것인지, 우주 비행사들이 어떻게 지구와 계속 소식을 전할 것인지 등등을 정확하게 계산합니다. 이 모든 과학 지식들이 과학자들에 의해 종합되는 것이지요. 예를 들어, 여러분은 무중력 상태인 우주에서는 우주 비행사들이 서로 이야기할 수 없다는 사실을 알고 있나요? 공기가 없으면, 소리는 더 이상 나아갈 수 없습니다. 그래서 모든 우주 비행사들은 무선 장치를 통해서 이야기합니다. 지구의 비행 관제 센터와도 그렇게 하지만, 서로서로도 그렇습니다. 비록 바로 옆에서 둥둥 떠다니고 있어도 말이지요.

무중력 상태에서 훈련해요

우주에서는 모든 것이 지구와 다릅니다. 그래서 우주 비행사들은 우주여행에 대비해서 자신을 잘 준비해야 하지요. 우주 비행사들이 여행하는 동안 마주하게 될 상황에 잘 대비하기 위해 모의실험•을 하는데, 그때 **물탱크**를 사용합니다. 물에 떠 있는 동안 여러 작업을 수행하며 우주에서 사는 방법을 배우는 것이지요. 우주에서는 중력이 없는 무중력 상태이기 때문에 걷거나 앉을 수는 없고, 단지 떠 있을 수밖에 없습니다. 물론 주변의 모든 것도 같이 떠다니지요. 물속에 있는 것은 우주에 있는 상황과 어느 정도 비슷해 보입니다. 그래서 우주 비행사들은 무거운 우주복을 입은 채로 물속에서 몇 시간이고 계속 훈련을 하며 무중력 상태에서 작업을 수행할 수 있는 능력을 갖춥니다.

• 체계 또는 장치의 구조와 거기서 일어나는 현상을 알아내기 위해 그 모형을 만들고 계산과 실험을 하는 수법.

모든 것이 더 가벼워요

달에서는 우주 비행사들이 그냥 걷지 못합니다. 달의 중력이 지구에서보다 훨씬 더 작기 때문에, 우주 비행사들은 마치 살짝 떠 있는 것처럼 보입니다. 발걸음이 조금만 커져도 크게 위로 솟구치므로 걸음을 걸을 때마다 몇 미터나 더 멀리 갈 수 있지요. 모든 것이 무게도 덜 나갑니다. 지구에서 24킬로그램짜리 돌무더기의 무게가 달에서는 6분의 1밖에 되지 않습니다. 달에서는 4킬로그램에 불과하죠. 이러니 만약 달에서 경기를 한다면 신기록을 달성하는 것은 아주 손쉬울 거예요!

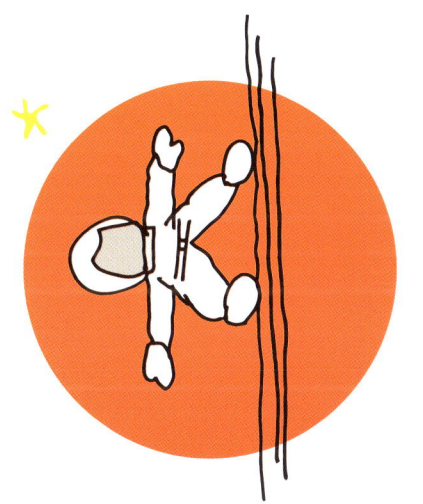  

우주선 안에서 먹고 씻고 잠도 자요

우주 비행사들은 우주선 안에 있는 캡슐•에서 지내는데, 그곳에서 먹고 씻고 잠자는 것은 지구에서 하는 것과 많이 다릅니다. 우주선 안에 있는 모든 것들은 무중력 상태에 있지요. 또한 위층이나 아래층도 없기 때문에 우주 비행사들은 음식이 사방으로 날아다니지 않도록 주의를 기울여야 합니다. 샤워를 할 수도 없습니다. 물이 넉넉지 않으니까요. 하지만 만일 물이 넉넉하다 해도 거기서 샤워한다면 물방울이 선실 전체로 퍼져 버릴 겁니다. 그래서 우주 비행사들은 젖은 천으로 간단하게 닦습니다. 잠잘 때에도 침대가 필요하지 않습니다. 그저 침낭으로 들어가 눈을 감지요. 하지만 자신의 몸을 침낭과 연결된 끈으로 묶어야 합니다. 그렇게 하지 않았다가는 잠자는 동안에 침낭에서 빠져나가 버릴지도 모릅니다.

• 생물이나 인간이 행성 공간을 비행할 때, 그들이 들어가 필요한 기간 동안 생존할 수 있도록 갖가지 장비를 갖춘 최소한의 용기.

최초의 우주 로켓에는 창문이 없었어요

우주 로켓은 새해 전날 쏘아 올리는 폭죽과 아주 많이 닮았습니다. 폭죽에도 화약이 장착되어 폭발하지요. 그 결과로 공기가 엄청나게 팽창하면서 폭죽을 하늘로 밀어 올립니다. 똑같은 이론이 우주 로켓에도 적용되는데, 화약이 아니라 연료를 담고 있다는 점이 다릅니다. 그리고 우주 로켓에 싣는 연료는 열을 받으면 어마어마하게 팽창합니다.

최초의 로켓은 작고 단순했습니다. 아무것도 로켓 안에 실을 수 없었지요. 그때 사람들은 단지 공기 중으로 로켓을 들어 올리는 것만으로도 만족했습니다. 처음에는 창문도 없었습니다. 당시의 기술자들은 창문이 필수적이진 않을 뿐 아니라 오히려 구조를 약하게 만들 거라고 생각했지요.

로켓은 강하면서도 가벼운 금속들, 이를테면 티타늄이나 알루미늄으로 만들어집니다. 또, 로켓의 외부에는 우주에서의 엄청난 기온 변화를 견딜 수 있는 보호막 부분이 있습니다.

우주 로켓은 여러 부분으로 이루어져 있어요

사람을 실은 우주 로켓 즉, 우주 왕복선은 모두 다르게 생겼습니다. 어떤 것은 바닥에 엔진을 두고 있고, 또 다른 어떤 것은 약간 더 측면에 엔진을 둡니다. 그리고 로켓은 여러 다른 부분들로 구성되어 있습니다. 가장 커다란 부분은 연료를 저장하기 위한 부분입니다. 연료 저장고는 바닥부터 꼭대기까지 있습니다. 제일 꼭대기에는 우주 비행사가 타는 **캡슐** 부분이 있고 그 바로 아래에는 우주여행 동안에 필요한 것들, 즉 착륙선 같은 것을 두는 저장 공간이 있습니다.

로켓의 아래 부분 역시 여러 **부분**으로 이루어져 있으며, 각 부분마다 연료 탱크가 있습니다. 로켓은 이륙하는 순간 연료의 대부분을 사용합니다. 하단 부분에 있는 연료지요. 로켓이 지구의 영향력 밖으로 나가는 순간, 하단 부분의 연료는 다 사용되고 로켓은 연료통을 버립니다. 이로써 우주선의 크기는 더 작아지고 무게는 더 가벼워집니다. 조금 지나면 다음 부분이 이어 버려지고 그렇게 계속되지요. 이렇게 해서 비행하는 동안 우주선은 점점 더 작아지고 가벼워집니다. 결국, 우주선 선실 부분인 캡슐만이 지구로 귀환합니다.

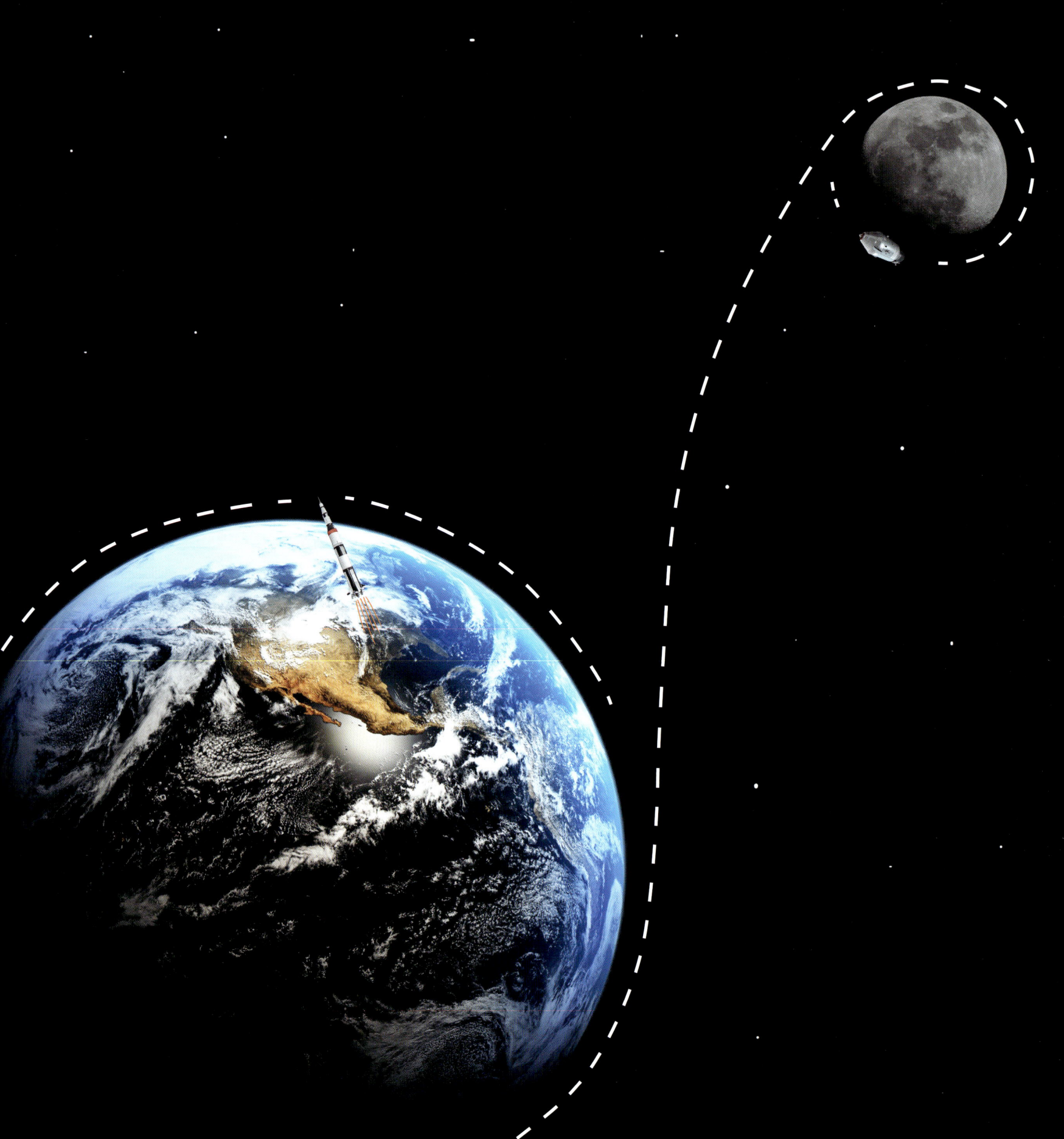

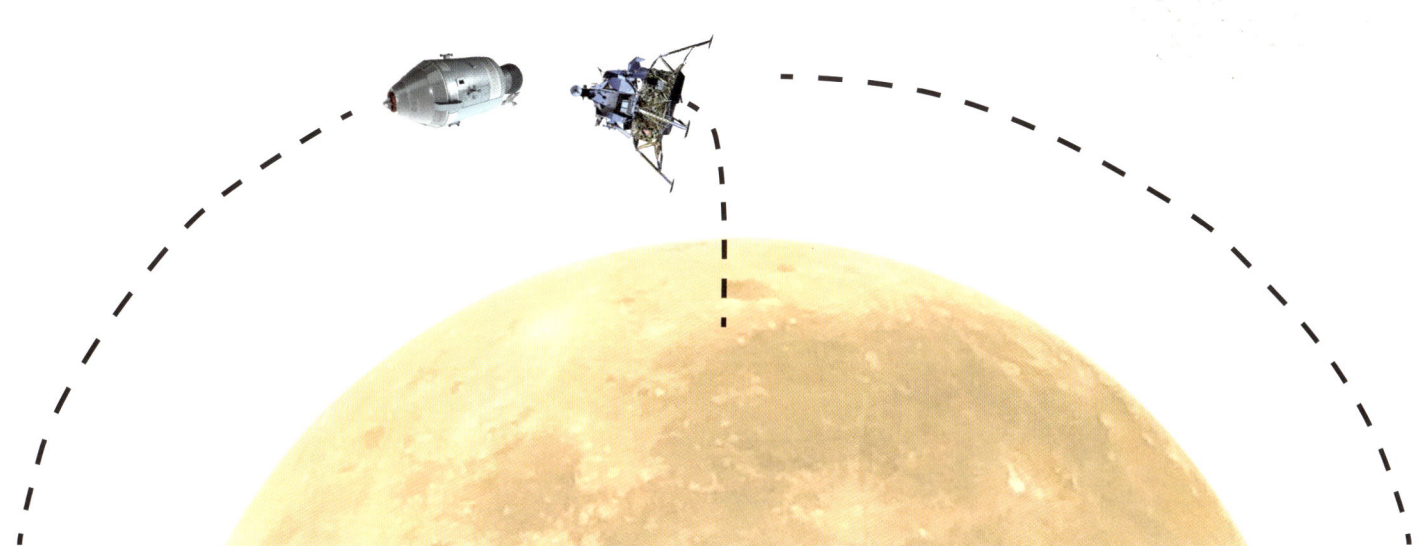

달로 가는 여행을 계획했어요

수세기 동안, 사람들은 달에 가는 것을 꿈꿔 왔습니다. 하지만 반세기 조금 더 전까지만 해도 달에 가는 것은 상상으로도 불가능하게 여겨졌어요. 그러던 어느 날 미국의 대통령인 존 F. 케네디가 그 꿈을 실현하겠다고 여러 사람들 앞에서 이야기합니다. 미국의 우주 비행사들이 몇 년 안에 달에 착륙할 뿐만 아니라 지구로 안전하게 귀환하게 될 것이라고 발표한 것이지요.

그 당시에는 세계에서 가장 큰 컴퓨터라는 것도 오늘날 우리가 누구나 사용하는 스마트폰 보다도 훨씬 더 성능이 낮았고, 자동차조차도 엔진이 멈추는 바람에 오가다가 길가에 서 있어야 하는 경우도 자주 있었습니다. 하지만 대통령은 달에 가기를 원했지요. 미국에서는 차곡차곡 준비를 시작했습니다. 최고의 과학자들이 소집되었고, 그 과학자들이 함께 연구해 시험 로켓이 만들어졌으며, 우주 비행사들의 훈련이 이루어졌습니다.

계획은 다음과 같았습니다. 우선 몇 개의 부분으로 이루어진 우주 로켓이 지구 주위를 몇 바퀴 돕니다. 그런 다음 달을 향해 방향을 돌립니다. 거기에서 다시 달의 궤도를 돌게 됩니다. 그러는 동안, 우주선은 이미 연료 대부분이 들어 있는 로켓의 하단 부분을 버립니다. 로켓의 상단 부분은 달 궤도를 돌면서 달 근처에서 두 부분으로 분리됩니다. 한 명의 우주 비행사는 우주선에 남아 달 주위를 계속해서 돌고 다른 두 명은 달 착륙선에 타고 착륙을 시작합니다. 이 모든 게 성공적으로 이루어진다면, 인류가 이제까지 이룬 가장 위대한 업적 중의 하나가 되겠지요.

10, 9, 8……

때는 1969년 7월 16일. 세 명의 우주 비행사들이 우주복을 입고 있습니다. 닐 암스트롱과 버즈 올드린, 그리고 마이클 콜린스입니다. 그들은 승강기를 타고 아폴로 11호의 꼭대기까지 가서 우주선에 올라타고 기다립니다. 10, 9, 8, 7……. 카운트다운이 시작됩니다. ……3, 2, 1, 0. 엄청난 굉음과 더불어 엔진이 작동하기 시작합니다. 세 명의 우주 비행사들은 순간 숨을 죽였습니다. 설사 뭔가 잘못되더라도 로켓의 맨 앞부분, 캡슐은 우주 비행사들을 안전하게 지켜줄 것입니다.

하지만 다행스럽게도 모든 것이 순조롭게 계획대로 진행됩니다. 천천히, 로켓은 땅에서 떠오릅니다. 수백만 명의 관중들은 우주선이 점점 더 높이, 높이 올라가서 마침내 파란 하늘에 점이 되어 사라지는 모습을 지켜봅니다. 그렇게 아폴로 11호가 이륙을 완료했습니다. 바로 이어 로켓은 하단 부분을 분리해 떨어뜨립니다. 우선 지구 주위를 몇 바퀴 돌고 나서 그 다음……. 우주선은 달을 향해 갑니다!

(왼쪽부터)
닐 암스트롱
마이클 콜린스
버즈 올드린

우주를 가로지르는 여행을 했어요

지구와 달의 거리는 **384,400킬로미터**입니다. 지구를 하나씩 쌓아 올린다고 가정하면, 30번을 쌓으면 대략 그 정도 거리가 되지요.

아폴로 11호가 달까지 가는 데에는 3일하고도 3시간이 걸렸습니다. 그 시간 동안, 우주 비행사들은 우주를 가로지르는 여행을 하게 되었지요. 주변은 온통 캄캄합니다. 별들이 멀리서 반짝입니다. 뒤편으로 우리의 초록 행성이 점점 더 작아지는 것이 보이고, 정면으로는 우주여행의 목적지가 눈에 들어옵니다. 바로 달입니다!

어마어마한 힘……

로켓 엔진의 힘은 어마어마합니다. 로켓을 들어 올리는 데에는 엄청난 에너지가 필요하거든요. 지구의 강한 중력을 극복하는 것은 쉽지 않습니다. 만일 중력을 거슬러 이륙하는 데 성공한다면, 로켓은 전속력으로 우주를 향해 나아갑니다. 로켓은 **시속 40,000킬로미터**까지 속도를 냅니다.

지구의 비행 관제 센터와 연락을 했어요

우주여행을 하는 동안 우주 비행사들은 미국 휴스턴에 있는 비행 관제 센터와 끊임없이 연락을 주고받았습니다. 하지만 접속 상태나 컴퓨터가 지금처럼 그렇게 좋지는 않았습니다. 연결중인 상태에서도 잡음이 많았지요. 그런 사실이 달 여행을 훨씬 더 흥미진진하게 만들기도 했습니다.

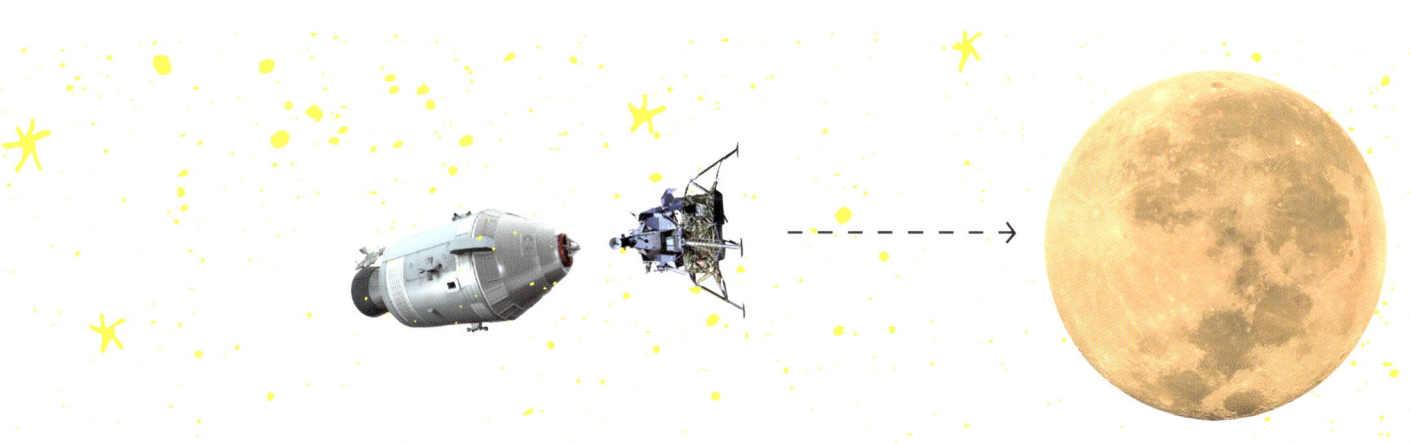

달을 향하게 된 아폴로 11호는 **우선 달 주위를 몇 바퀴 돕니다.** 연료가 있는 부분의 로켓은 이미 대부분이 분리되어 버려졌고 앞부분만이 남았습니다. 이 부분에 달 착륙선이 포함되어 있습니다. 우주 비행사 닐 암스트롱과 버즈 올드린이 달 착륙선에 옮겨 타고 우주선의 남은 부분과 착륙선을 분리시킵니다. 이 둘이 착륙을 준비하고 있는 동안, 마이클 콜린스는 우주선에 혼자 남아 있습니다. 두 동료가 안전하게 우주선으로 돌아올 수 있도록 확실하게 대비하고 있는 것이지요.

달 착륙
- 연료가 거의 다 떨어졌어요!

지구에서 준비할 때, 아폴로 11호는 달 착륙을 여러 번 연습, 또 연습했습니다. 하지만 달 착륙선이 내리던 순간, 예정된 착륙 지점의 상태가 예상했던 것과는 매우 다르다는 사실이 드러났습니다. 착륙선 아래에 자동차 크기만한 바위가 있는 것이 보였거든요. 닐 암스트롱은 자동 조종 장치를 해제하고 수동으로 조종간을 움직였습니다. 그 사이, 연료가 점점 닳아 없어지고 있었지요. 마침내 달의 평평한 부분이 암스트롱의 눈에 들어왔을 때에는 연료통에 단 몇 방울의 연료밖에 남아 있지 않았답니다. 암스트롱은 노련하게 착륙선을 조종하여 바위 위를 지나서 좀 더 평평한 곳으로 가서 착륙의 마지막 단계를 시작했습니다. 1초가 지나고……. 쿵! …… 달 착륙선이 회색빛 달 표면에 내려앉았습니다. "좋은 소식입니다. **독수리 호가 착륙**했습니다." 달 착륙선을 독수리 호라고 불렀지요. 정말 아슬아슬한 순간이었습니다. 20초만 더 지났어도 연료통이 완전히 텅 비었을 뻔했답니다!

달에 첫 발자국을 남겼어요

1969년 7월 21일, 닐 암스트롱은 달 착륙선의 출입구를 열었습니다. 그런 다음 한 걸음, 한 걸음 계단을 밟아 내려갔습니다. 발밑에 달의 표면이 있었지요. 지구가 아닌 다른 천체에 발을 내딛은 인간은 이제까지 단 한 명도 없었습니다. 암스트롱은 정말, 진짜 최초가 될 겁니다!

전 세계의 사람들이 라디오에 귀를 기울이거나 흑백 텔레비전에 시선을 고정한 채로 암스트롱이 달의 표면에 발을 내딛는 순간을 기다렸습니다. 이때 암스트롱은 유명한 말을 남겼습니다.

"한 인간에게는 작은 발걸음이지만, 인류에게는 위대한 도약입니다."

암스트롱은 곧바로 카메라를 쥐고 자신에 이어 두 번째로 버즈 올드린이 달에 발걸음을 내딛는 모습을 찍었습니다. 우주 비행사들은 달 위에 찍힌 자신들의 발자국도 찍었습니다. 고운 먼지로 뒤덮인 달의 표면에 선명하게 찍힌 발자국 사진은 전 세계로 전송되었습니다. 50년이 지난 후에도 두 우주 비행사의 발자국은 달에 여전히 그대로 있습니다. 바람도 없고 비가 오는 경우도 전혀 없기 때문에 그 발자국은 영원히 뚜렷하게 남아 있게 되었지요.

달에서 산책을 했어요

닐 암스트롱과 버즈 올드린은 최초로 달 표면에 미국 **국기를 꽂은 사람**이 되었습니다. 그런데 달 착륙 당시 사진들에서 보면 깃발이 마치 움직이는 것처럼 보입니다. 하지만 달에는 바람이 없으므로 그것은 불가능하지요. 깃발이 힘없이 늘어지지 않게 하려고 미리 윗부분에 막대기를 넣어 놓았고 아래 부분에는 줄을 넣었습니다. 그 결과 깃발은 펼쳐져 있게 되었고 마치 펄럭이는 것처럼 보였습니다.

두 명의 우주 비행사들은 달에서 짧은 산책을 하면서 20킬로그램 넘게 돌들을 수집했습니다. 또한 과거 여러 해 동안 우주 비행을 위한 임무를 수행하는 중에 사망한 모든 우주 비행사들을 기념하는 징표도 설치했지요. 이 두 명의 우주 비행사들이 달에 머문 시간은 총 하루를 넘지 않았습니다. 비록 짧았지만 전 세계 모든 사람들의 마음에 자긍심을 뿌듯하게 채우기에 충분한 시간이었습니다.

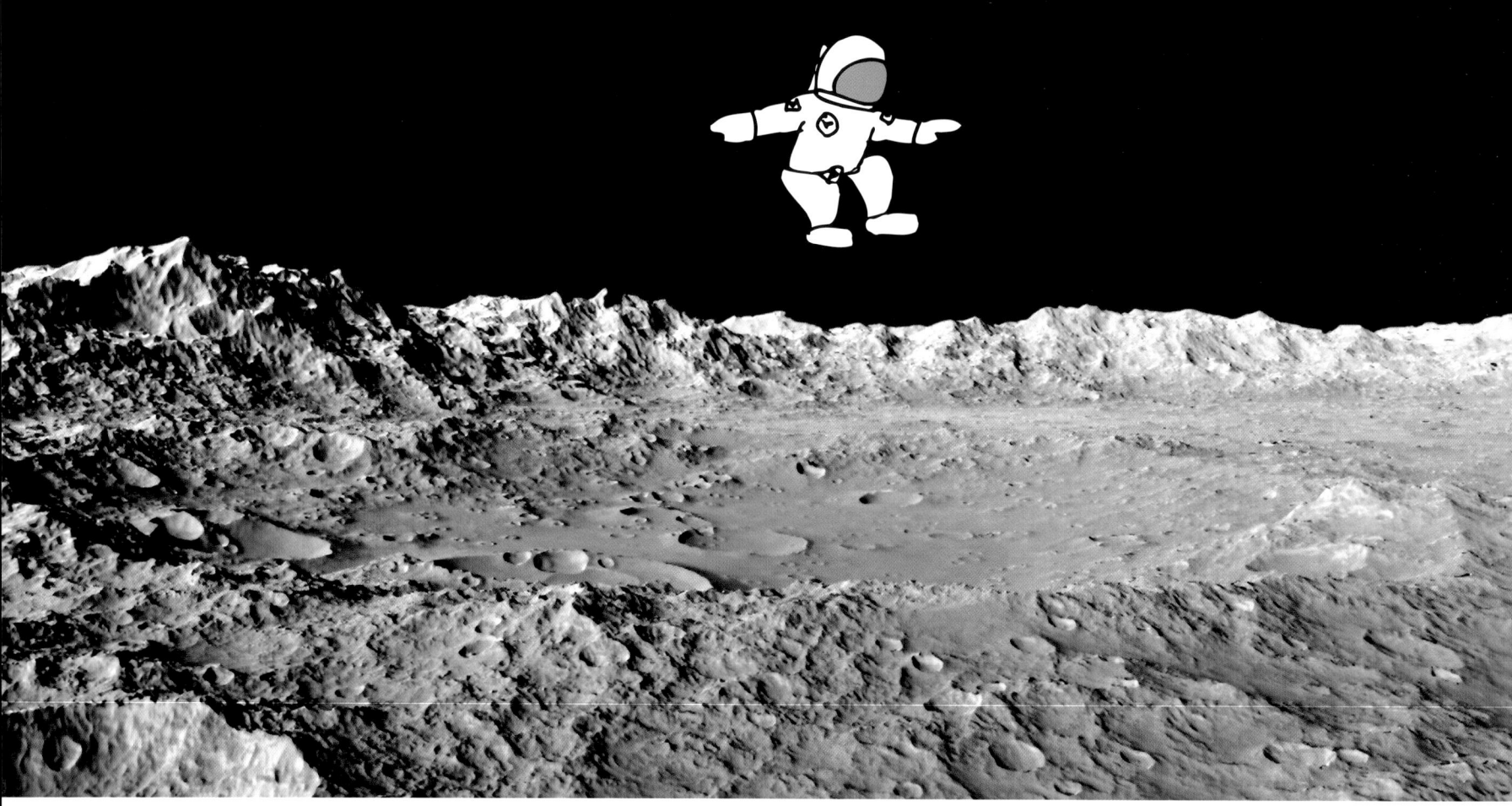

달에서는 이렇게 걸어요

달에서 걷는 것은 사실 걷는 것이 아닙니다. 뛰어오르거나 껑충거리는 것에 가깝지요. 이미 여러분들도 우주 비행사들이 껑충…… 껑충…… 하면서 느릿느릿 뛰어오르는 모습을 보았을 거예요. 달의 중력이 지구보다 훨씬 더 약하기 때문에 일어나는 현상입니다. 지구에서는 중력이 좀 더 강하게 여러분을 끌어당기고 있고, 그래서 쉽게 걸을 수 있지요. 하지만 달에서는 천천히 앞으로 튕겨 나가는 풍선처럼 걷게 됩니다.

무거운 바위도 별 거 아니에요

달에서 최초의 임무를 수행하는 동안, 우주 비행사들은 20킬로그램 넘게 돌을 수집했습니다. 이 돌들은 지구에서 집중적으로 연구되었는데, 그 구성 성분은 지구의 돌들과 아주 비슷하다고 합니다. 과학자들이 달이 한때 지구의 일부였다고 생각하는 또 다른 이유이지요.

달에서 실험도 했어요

두 명의 우주 비행사들은 달에서 몇 가지 실험도 했습니다. 그런데 사실 우주 비행사들은 달 연구 보다는 우주선 조종에 대해 더 많이 알고 있는 사람들입니다. 이런 사실 때문에 그 다음 달 탐사에는 과학자가 함께 여행하게 되었습니다. 과학자들은 실험을 수행하는 방법을 더 정확하게 알고 있기 때문이지요. 몇 년 동안 우주 비행 훈련을 받고 나면 이 과학자들도 자신을 우주 비행사라고 부를 수 있습니다.

달에서 거의 하루를 머물고 난 후, 암스트롱과 올드린은 달 착륙선으로 돌아왔습니다. 거기서 상승용 엔진 버튼이 떨어져 나간 것을 보게 됩니다. 구멍이 생긴 것이죠. 재빠르게 펜을 집어 구멍에 쑤셔 넣습니다. 과연 작동이 될까요……. 천만다행으로 엔진이 별 탈 없이 작동합니다. 달 착륙선의 윗부분이 솟아오르고 그때까지 달 궤도를 돌고 있던 우주선과 만났습니다. 그때 착륙선 엔진의 추진력 때문에 미국 국기가 옆으로 쓰러졌습니다.

귀환 여행
- 대기의 열기를 무사히 통과했어요

달 착륙을 성공적으로 마친 뒤, 아폴로 11호는 이제 마지막 임무를 시작합니다. 지구로 귀환하는 여행이지요. 우선, 세 명의 우주 비행사들은 한동안 달 주위를 돈 다음 귀환 여행을 시작합니다. 출발하고 난 지 8일이 지난 7월 24일, 이제 지구와 다시 가까운 거리에 있습니다. 바로 그때 엔진이 버려지고 그다음 대기를 통과하는 하강을 시작합니다. 우주 비행의 마지막 단계인 이 순간이 사실 비행 중 가장 위험한 부분 중 하나입니다. 공기와의 마찰로 인해서, 빠른 속도로 나는 우주선은 아주 뜨거워지거든요. 우주선 안쪽에 **열을 차단하는 판**이 설치되는 이유가 바로 이 때문입니다. 몇 분 동안, 지상에 있는 모든 사람들이 숨을 죽이고 지켜봅니다. 휴! 낙하산이 펼쳐지고 우주선이 빙빙 돌며 내려옵니다. 이제 모든 사람들은 우주 비행사들이 안전하게 돌아왔다는 것을 알게 되었지요.

바다에 안전하게 착륙했어요

아폴로 11호에 승선한 우주 비행사들과 함께 우주선이 안전하게 바다에 착륙하는 순간을 지켜보던 전 세계 사람들은 흥분의 도가니에 휩싸였습니다. 태평양 한가운데에 내려앉은 우주선은 아주 작아보였지요. 다행스럽게도, 미국의 배가 하와이 근처에서 대기중이었습니다. 배의 갑판에서 이륙한 헬리콥터가 곧장 우주선의 착륙 지점으로 날아갔습니다. 잠수부들은 우주선이 떠 있을 수 있도록 에어쿠션을 가져갔어요. 잠시 후, 세 명의 우주 비행사들이 출구 위로 올라와서 헬리콥터에 옮겨 탔습니다. 이제 진짜 집으로 가네요.

우선 독방에 머물게 해요

안전하게 지구로 귀환한 후, 영웅이 된 우주 비행사들은 먼저 독방에 격리되었습니다. 안전상의 이유로, 외부와 완전히 차단된 방에 머물게 한 것이지요. 달에 알려지지 않은 어떤 위험스런 질병이 있는지 알 수 없었기 때문입니다. 지구로 그 병을 옮길 수는 없는 일이지요! 집중적인 의학적 관찰과 조사를 거친 뒤 우주 비행사들이 여전히 아주 건강한 상태임을 알게 되었습니다.

달 착륙선 일부가 뒤에 남았어요

달에는 아폴로 11호의 임무가 남긴 흔적이 그대로 있습니다. 몇 가지 측정을 위한 계기는 치워졌지만, 미국 국기는 여전히 바닥에 누워 있고, 발자국들도 달 표면에 그대로 있는데……. 달 착륙선의 하단 부분도 여전히 거기에 남아 있습니다. 미국 텍사스 주 휴스턴에 있는 항공 우주국 내의 박물관에 가면 달에 착륙했던 우주선을 볼 수 있어요.

달 착륙 이후 특별 기념우표가 즉시 발행되었습니다. 우표에는 달과 우주선, 그리고 달에 발을 내딛은 최초의 인간인 닐 암스트롱이 실렸지요. 미국에서뿐만 아니라 수십 개 나라에서 많은 기념우표들이 팔렸고, 전 세계가 한동안 인류의 달 착륙을 축하했습니다.

나는 더 멀리
갈 거예요

이후의 달 여행

아폴로 11호 이후에 많은 우주선들이 달을 향해 날아올랐습니다. 첫 번째 여행은 쉽지 않았지요. **아폴로 12호**는 번개를 맞았고 **아폴로 13호**는 우주선에 문제가 생겨 주요 임무인 달 착륙을 못하고 가까스로 지구로 돌아왔습니다.

그 이후에는 점점 나아졌습니다. **아폴로 17호**는 최초로 지질학자를 함께 데려갔습니다. 해리슨 슈미트는 암석과 토양에 대한 전문가였는데, 우주 비행사 훈련도 받았지요. 우주 비행사들이 달 표면 탐사에 사용할 차도 싣고 가게 되었습니다. 중국도 우주 계획을 진행하고 있습니다. 중국의 우주선은 **달의 뒷면**에 갔습니다. 지구에서는 달의 뒷면을 결코 볼 수 없습니다. 달은 지구 주변을 도는 궤도와 정확히 똑같은 주기로 자전을 하고 있지요. 그래서 달은 우리에게 항상 같은 면을 보여주고 있습니다. 중국의 무인 달 착륙선은 3개월에 걸친 연구 조사를 수행합니다. 이 계획은 **창어 4호**라고 불리는데, 창어는 중국 전설에 나오는 달에 사는 선녀라고 하네요.

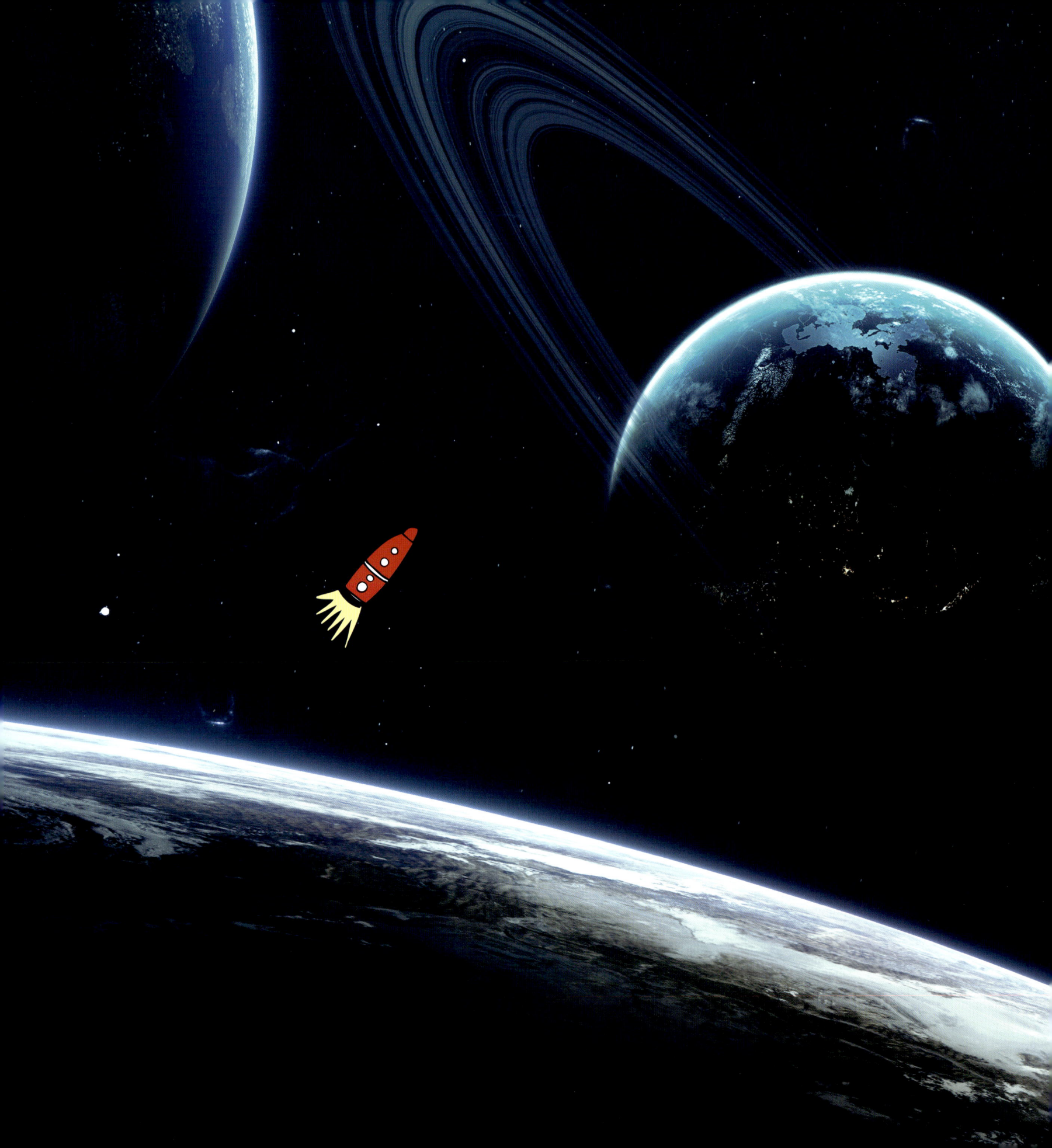

달 너머로

물론 우주 비행사들이 달 하나만 바라보고 있지는 않지요. 그 너머도 바라봅니다. 훨씬 더 멀리 보고 있지요. 예를 들면, 달 뒤에 있는 행성, 즉 **화성** 말입니다. 화성은 붉은색으로 빛나는데 지구와 어느 정도 비슷해 보입니다. 이 행성에는 물이 있긴 하지만 너무 심하게 추워서 물은 얼어 있습니다.

수년 전에, 측정계기를 실은 **무인 우주 탐사선**이 지구로부터 발사되었습니다. 이 탐사용 우주선은 우리의 우주, 즉 태양계 내의 행성들 가까이로 날아갔습니다. 이 탐사선이 보내온 사진들은 굉장했어요. 달은 물론이고 토성의 테두리까지 아주 세밀하게 묘사되었지요. 목성에서 무인 탐사선은 목성의 거대한 오렌지 점 바로 위에 있었는데, 이 지점이 실제로는 지구 전체보다 더 커다란 일종의 폭풍 지대라는 사실을 보여주었습니다. 이런 식으로 탐사선은 계속 일하고 있습니다. 그 사이 **보이저 1호**는 우리 태양계의 외행성•들을 지나서 훨씬 더 먼 미지의 우주로 날아가고 있습니다. 이제까지 어느 누구도 가 본 적이 없는 곳이지요.

• 태양계에서 궤도가 지구보다 바깥쪽에 있는 행성. 화성, 목성, 토성, 천왕성, 해왕성 등이 있어요.

먼 우주로 여행을 떠나요

여러분은 다른 행성에 생명체가 있을 것이라고 생각하나요? 그렇다고요? 그러면 그 생명체는 어떻게 생겼을까요? 이런 질문에 대한 대답은 아마도 계속 우주여행을 한다면 찾을 수 있을 것입니다. 우주선을 타고 더욱 더 멀리 가서 다른 행성을, 다른 위성을, 그리고 우리 **태양계 밖에 있는 다른 별**들을 찾게 될 테니까요.

우주는 믿을 수 없을 정도로 엄청나게 넓어서 너무나 많은 것들을 발견하게 되겠지요. 우주 정거장에 관한 실험이 이루어지고 있으니 언젠가 사람들이 우리가 사는 지구 밖에서 살 수 있게 될지도 모릅니다. 다른 행성에서 아니면 거대한 우주 정거장에서 말이죠. 어떻게 생각하세요, 우주여행을 하고 싶나요? 아니, 여러분 스스로 진짜 우주 비행사가 되는 꿈을 꾸고 그 꿈을 이루기 위해 노력하는 것은 어떨까요? 혹시 모르지요, 언젠가 여러분이 정말로 달에 착륙하게 될지 말입니다!

  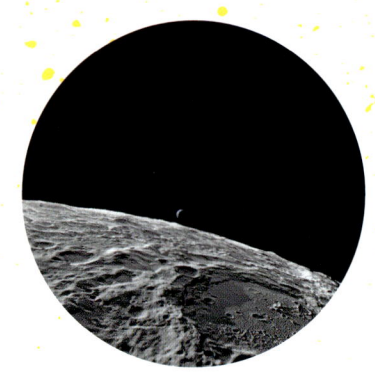

찾아보기

가니메데 • 15
궤도 • 12, 16, 32, 43, 55, 62
귀환 • 38, 43, 56, 59
금성 • 12
기념우표 • 31, 59
닐 암스트롱 • 44, 47~48, 51~52, 59
독수리 호 • 48
달 먼지 • 20, 23
달의 뒷면 • 62
달력 • 8
달의 바다 • 20
데이모스 • 15
둥근 언덕 • 23
대기 • 24~25, 31, 33, 56

라이카 • 30
릴 • 23
마이클 콜린스 • 44, 47
목성 • 12, 15, 65
무중력 • 33~35
물탱크 • 34
발렌티나 블라디미로브나 테레시코바 • 31
버즈 올드린 • 44, 47, 51~52
보름달 • 19
보리스 • 32
보이저 1호 • 65
분화구 • 20
베스타 • 12
비행 관제 센터 • 33, 47

소행성 • 12, 15
수성 • 12, 14
슈퍼 문 • 19
스푸트니크 1호, 2호 • 30~31
아폴로 11호 • 44, 46~48, 56, 58~59, 62
우주복 • 25, 29, 34, 44
운석 • 7, 20, 23
월진 • 22
유로파 • 15
유리 가가린 • 31~32
이아페투스 • 14
이오 • 12
인력 • 12, 16
일식 • 19

조수 • 16
중력 • 12, 16, 34~35, 47, 54
창어 4호 • 62
천체 • 7, 12, 51
칼리스토 • 12
캡슐 • 35, 38
타이탄 • 12, 14
태양계 • 12, 15, 65~66
토성 • 12, 14, 65
포보스 • 15
폭죽 • 37
항공 우주국 • 59
해리슨 슈미트 • 62
화성 • 15, 65